K

10649

LA

QUESTION ITALIENNE

ET L'OPINION CATHOLIQUE EN FRANCE

PARIS. — IMP. SIMON RAÇON ET COMP., RUE D'ERFURTH, 1

LA
QUESTION ITALIENNE

ET

L'OPINION CATHOLIQUE EN FRANCE

PAR

M. AUGUSTIN COCHIN

PRÉCÉDÉE

D'UNE LETTRE DU R. P. LACORDAIRE

Extrait du CORRESPONDANT du 25 janvier 1860.

PARIS

CHARLES DOUNIOL, LIBRAIRE-ÉDITEUR

29, RUE DE TOURNON, 29.

1860

Sorèze, 27 janvier 1860

Monsieur,

Je viens de lire le travail que vous avez publié dans le *Correspondant* du 25 de ce mois, sous ce titre : *La Question italienne et l'Opinion catholique en France*. Aucun écrit jusqu'à présent ne m'a paru plus franc, plus large, embrassant mieux toutes les phases et toutes les parties du drame douloureux qui préoccupe aujourd'hui tous les cœurs vraiment chrétiens. Vous avez su défendre la cause du Saint-Père sans abandonner la cause de l'Italie, et la liberté de l'Église sans méconnaître les droits d'un peuple longtemps victime de l'étranger. C'est pourquoi j'éprouve le besoin de vous témoigner ma gratitude d'une si heureuse et si complète expression de la plupart de mes sentiments personnels. Je vous remercie, en particulier, d'avoir désavoué l'abus qu'on a fait, dans ces derniers temps, de deux lettres mal connues, et qui, écrites au début de la guerre italienne, lorsque rien encore n'arrêtait mes vœux et mes espérances, ne pouvaient s'appliquer à une situation dont la nouveauté est à la fois trop évidente et trop regrettable.

Pie IX est maintenant trop près de Pie VII par ses malheurs, comme il l'a été par ses généreux desseins, pour que la piété filiale ne domine pas mes pensées et mes paroles.

Je dois aussi m'associer de plus près à ce dernier paragraphe de votre œuvre où vous restez si bien sur ce terrain catholique et libéral qui fût, pendant quinze ans, celui de tous les catholiques de France, et sur lequel les dernières expériences m'eussent amené lors même qu'il n'eût pas été le théâtre des combats et des épreuves de toute ma vie.

Veuillez agréer les sentiments de haute estime avec lesquels j'ai l'honneur d'être, monsieur, votre très-humble et très-obéissant serviteur.

Fr-Henri-Dominique Lacordaire,
Des Frères Prêcheurs.

LA
QUESTION ITALIENNE

ET

L'OPINION CATHOLIQUE EN FRANCE [1]

Je voudrais essayer de résumer, à l'aide des écrits les plus récents, les faits et les motifs qui ont amené l'état actuel de l'opinion de la France sur la question italienne. D'une part, des esprits très-libéraux, amis de l'indépendance de l'Italie, se trouvent d'accord avec des catholiques jusqu'ici fort dévoués à la politique du gouvernement, et peu attachés aux doctrines de liberté ; de l'autre, les partisans du régime absolu font cause commune avec les représentants les plus déclarés de la révolution et les adversaires habituels du catholicisme.

Comment s'est opéré ce partage ?

Quel est, dans ce mouvement, le rôle des catholiques ?

Les dernières résolutions de la politique française ont fait de la question romaine le nœud des affaires italiennes. Aussi, depuis ce

[1] *Le Pape et le Congrès.* — 1ʳᵉ et 2ᵉ lettre de Mgr l'Évêque d'Orléans. — Lettres de Mgr l'Évêque d'Arras. — Lettre de Mgr l'Évêque de Nîmes. — *Pie IX et la France,* par le Comte de Montalembert. — *La France, l'Empire et la Papauté,* par M. Villemain. — *Le Congrès et le Cabinet,* par le Marquis de Normanby. — *La Question romaine,* par le Vicomte de Melun. — *Appel au bon sens,* par M. Nettement. — *Les Droits du Pape,* par M. Poujoulat. — *Un Mot d'un laïque,* par le Comte de Richemont. — *L'Italie, l'Allemagne et le Congrès,* par M. Martin Doisy. — *De l'Inviolabilité papale,* par M. Léonce de Guiraud. — *La Papauté temporelle et la Nationalité italienne,* par M. Arnaud (de l'Ariège). — *Réponse aux mandements des Évêques,* par M. Edmond de Pressensé — *La Politique et le Droit chrétien,* par M. Massimo d'Azeglio.

temps, les catholiques paraissent seuls en cause, et la papauté semble seule faire obstacle à l'aplanissement des dernières difficultés.

Ce point de vue n'est pas juste; mais il crée aux catholiques une situation très-embarrassante. Car nous avons à lutter seuls à la fois contre le soulèvement des passions, les entraves de la liberté, l'ascendant des faits accomplis, et l'extrême lassitude des esprits.

Cette lassitude est notre principal obstacle. Disons la vérité. Pendant la guerre d'Italie, la grande majorité des esprits, en France, se souciait peu de l'Italie; elle ne s'intéressait qu'à l'armée. Depuis la guerre, on ne songe pas davantage à l'Italie, on ne s'intéresse qu'à la paix. On estime que la France a bien assez fait pour l'Italie; on est las des Italiens; on sait bien que la politique de la France n'est pas étrangère à leur situation, mais on se tient soi-même pour étranger à la politique, et on se réjouit tout bas d'être irresponsable, pour être libre de demeurer indifférent.

La lettre de l'Empereur au ministre d'État sur le libre échange et les travaux publics a achevé de distraire l'opinion. Voilà tous les industriels, les agriculteurs et les commerçants de la France placés brusquement, eux aussi, en face de leurs *intérêts temporels*. Comment s'occuperaient-ils de ceux du pape? On en veut donc aux catholiques de prolonger un débat épuisé. Il se passe dans l'opinion quelque chose d'analogue aux mouvements d'une assemblée à la fin d'une délibération longue et confuse; de guerre lasse, on est prêt à voter tout ce qui est présenté, pourvu qu'on en finisse.

Laissons faire l'Italie, disent les plus enthousiastes. Laissons faire le gouvernement, disent les plus dévoués; laissons faire le temps, disent les plus patients; laissons faire la Providence, disent les plus pieux.

Telle est, en France, la disposition des esprits. En Italie, depuis longtemps, on ne discute plus. La parole est aux événements, ils s'enchaînent, ils se précipitent, et les faits imprévus le matin sont le soir des faits accomplis, et le lendemain des faits consacrés. Parler, disserter encore, établir un dialogue avec les manifestations tumultueuses des peuples, c'est en vérité avoir la folie d'adresser une harangue à la tempête.

Comment parler d'ailleurs? Je ne me pardonnerais pas de décourager par un seul mot le noble amour de l'indépendance, de la nationalité, de la liberté, ou de froisser par une seule parole la plus auguste majesté de la terre. Mais le mouvement italien est une mêlée confuse de généreux sentiments et de basses haines, de pur patriolisme et de cupides ambitions; la foi et la liberté se croisent avec l'impiété et la démagogie; les réserves légitimes sur la politique romaine, qui est l'œuvre des hommes, semblent un outrage à l'Église romaine, qui est l'œuvre de Dieu; les hommages à la cause sympathique de l'indépendance semblent des concessions aux menées honteuses de la révolution; et l'on ne sait comment parler sans blesser ce qu'on aime ou sans ménager ce qu'on déteste.

Ce n'est pas le silence qui sauve de tous ces embarras, c'est la franchise. Nous avons le devoir de ne pas laisser étouffer la question romaine, et de parler plus haut à l'opinion à mesure qu'elle devient plus sourde. Nous avons le devoir de ne pas oublier les autres intérêts sacrés qui sont en cause. Car il y a dans ce moment trois questions engagées, et non pas une:

1° La question italienne;

2° La question catholique;

3° La question française et européenne.

Il convient que les affaires de Rome soient aux yeux des catholiques l'intérêt dominant, mais non pas l'intérêt exclusif. Rome seule nous entrave, s'écrient nos adversaires; Rome seule nous occupe, répondent les catholiques. C'est tomber dans le piége qu'on nous tend; c'est oublier une cause parfaitement conciliable avec les droits sacrés de l'Église, la cause de l'indépendance de l'Italie.

Le droit public de l'Europe, l'honneur de la parole de la France, son intérêt et sa gloire, voilà un autre terrain que nous ne devons pas déserter.

On accuse les catholiques de sacrifier la cause de l'indépendance de l'Italie; partisan déclaré de l'indépendance italienne, je partage cependant les émotions de tous les catholiques. Suis-je inconséquent?

J'entends dire que les catholiques sont divisés, que quelques-uns s'affligent et s'agitent; mais que d'autres, libéraux, amis des principes de la société moderne, sont satisfaits[1]. Je me crois profondément attaché aux principes de la société moderne, et pourtant je ne suis pas satisfait. Suis-je inconséquent?

On répète que l'opposition des catholiques est une manœuvre des partis au lieu d'être une question de conscience; on ne se demande pas si la véhémente approbation des journaux révolutionnaires n'est pas bien plus sûrement une manœuvre des partis. Étranger aux préoccupations de ce genre, je tiens uniquement à la loyauté et au

---

[1] Edmond de Pressensé, *Réponse aux derniers mandements des évêques.*

triomphe de la politique française, mais je la crois dans une voie dangereuse et mauvaise. Suis-je inconséquent?

Ni l'intérêt de l'Italie, ni celui du catholicisme, ni celui de la France, ne me semblent satisfaits. Tâchons de le prouver nettement et brièvement.

I

LA QUESTION ITALIENNE.

La question italienne a été, du commencement à la fin de l'année 1859, un drame en quatre actes.

Pendant le premier, consacré aux négociations préliminaires, tous les esprits étaient pour la paix.

Pendant le second, rempli par la guerre, on n'a fait des vœux que pour la victoire. Enrôlées bon gré mal gré sous le drapeau national, toutes nos âmes ont accompagné ses périls, souhaité ses triomphes, salué son retour, avec une passion mêlée d'alarmes ou d'espérances, mais ardente, patriotique, irrésistible.

Après l'acte des combats, vint l'acte des traités et des scrutins populaires, qui commence à la paix de Villafranca, et finit à la régence incomplète du Piémont sur l'Italie centrale.

Le quatrième acte, qui devait conduire au dénoûment par le congrès, s'ouvre par l'incident inattendu de la brochure fameuse sur la question romaine, suivie de la lettre de l'Empereur; il n'est pas encore terminé.

Dès le début, l'opinion française fut séparée en deux grandes fractions; ce même partage divisa l'opinion catholique :

Les uns craignaient qu'une nouvelle porte fût ouverte à la révolution par la gloire, et doutaient que l'Italie se montrât digne de ce qui était tenté pour elle. La chute des trônes, l'insurrection des Romagnes, et, il faut bien le dire, les impressions de nos officiers sur les populations qu'on les menait affranchir, confirmaient ces appréhensions.

Il est d'autres catholiques, et je m'honore d'être de ce nombre, que les ingratitudes de 1848 n'ont pas découragé des grandes espérances de 1847. Ils ont foi dans la régénération de l'Italie; ils ont ardemment souhaité l'expulsion des Autrichiens, la réforme dans un sens plus libéral de tous les gouvernements de la Péninsule, et leur union par un lien fédéral assez fort et assez souple pour assurer à cette noble branche de la race latine les avantages de la diversité et les ressources de l'unité. Politique toute française, puisqu'elle a été inaugurée par Henri IV; politique toute catholique, puisqu'elle a été bénie par Pie IX.

Parmi ces amis fidèles de la liberté et de l'Italie, quelques-uns se défiaient des moyens mis au service de leurs désirs.

« Que voulons-nous faire ? s'écriait en février 1859 M. de Falloux [1]. Comment nous présenterons-nous à l'Italie ? comme les héritiers de saint Louis ou comme les fils du Directoire ? Nous contenterons-nous d'installer à nos frais une royauté piémontaise ou autre ?..... On propose au souverain pontife, en échange de la souveraineté temporelle de ses États [2], la présidence de l'Italie confédérée. Ce cadeau ressemble fort à une spoliation ; mais, enfin, quelle pourrait être la constitution pratique de cette confédération ? Quelles seront les attributions de la présidence ? Quel en sera le bras armé ? Le Piémont ?... »

D'autres se montraient plus confiants. Le gouvernement français avait donné deux paroles : par la première, il avait promis que l'Italie serait libre depuis les Alpes jusqu'à l'Adriatique ; par la seconde, quatre fois répétée, il avait affirmé que tous les droits temporels du saint-siége seraient respectés ; ces paroles avaient décidé l'adhésion d'approbateurs résignés et enflammé plus d'une espérance désintéressée et sincère. Il était naturel que des âmes généreuses, habituées à chercher la main de Dieu dans les événements du monde, se refusant à deviner des mystères dans des déclarations si nettes, et à prédire des obstacles à des volontés si puissantes, se plussent à imaginer de loin l'Autriche refoulée, Venise enfin affranchie, les royautés réconciliées avec les peuples, la papauté jouissant désormais sans appui d'une sécurité complète, et achevant librement dans la paix les grands desseins interrompus par la violence [3].

Ainsi, d'une part, des adversaires du mouvement de l'Italie, et des partisans retenus par la défiance ; — de l'autre, des soutiens passionnés, des approbateurs résignés, et des amis confiants.

[1] La Question italienne, *Correspondant* du 25 février 1859.

[2] Cet article provoqua dans la *Patrie* une réclamation et une profession de foi :

« Où M. de Falloux a-t-il vu qu'il fût question de proposer au pape la présidence de l'Italie confédérée en échange de la souveraineté de ses États temporels ?... Nous déclarons aujourd'hui que, si la brochure *Napoléon III et l'Italie* avait conclu à une spoliation du pouvoir temporel du pape, *de pareilles conclusions n'auraient pas eu d'adversaires plus résolus que nous.* »

[3] Lettre du P. Lacordaire, avril 1850.

La paix soudaine de Villafranca mit ces sentiments divers à l'épreuve d'une égale surprise; et, réduisant de moitié la crainte des
uns, l'attente des autres, elle vint, par une sorte de transaction inopinée, sans satisfaire complètement aucun esprit, même celui de son
auteur, éblouir, apaiser et dérouter l'opinion tout entière.

Mais, dès ce jour, la température des opinions, si je puis m'exprimer ainsi, ne se régla plus, en France et en Italie, sur le même
thermomètre. En France, elle se refroidit; en Italie, elle s'échauffa.

En France, après tant d'exploits glorieux, après tant de sang versé,
on se considéra comme ayant assez fait pour l'Italie, on fut d'avis de
laisser notre protégée, mise sur la voie de ses destinées, la parcourir
désormais toute seule. L'Italie, à son tour, vit bien qu'elle n'avait plus
qu'à compter sur elle-même, et elle se mit à l'œuvre, avec plus de résolution et d'ordre qu'on n'aurait pu l'espérer.

Toutes les passions étaient soulevées contre l'Autriche; on la vit,
bien qu'affaiblie, maîtresse encore de Venise et retranchée derrière
ses redoutables forteresses; la première pensée des Italiens fut de
chercher aussi un rempart contre cette menace permanente. Le seul
rempart armé était le Piémont : par un mouvement que je regrette,
mais que je comprends, mouvement né à la fois de la situation et des
menées du protecteur intéressé, on vota l'annexion.

En faisant les réserves les plus expresses sur des crimes ou des iniquités, malheureusement trop nombreuses, je ne saurais blâmer les
Italiens. Qui de nous, s'il eût été à leur place, peut affirmer qu'il
aurait résisté à ce premier mouvement? Mais on a le droit d'adresser
au Piémont de justes reproches; c'était à lui à tenir les paroles qu'avait données la France. On a lieu d'être surpris que la France, en
échange d'un cadeau magnifique, n'ait pas imposé à son allié et à
l'Italie le respect des engagements qu'elle avait pris. Elle avait assez
fait pour l'attendre; elle était assez puissante pour l'exiger. Pourquoi
ne le voulut-elle pas? on ne l'a point encore expliqué.

On a soutenu depuis que, si le pape avait alors voulu accorder aux
Romagnes un gouvernement laïque et décentralisé, analogue à celui
que ses prédécesseurs avaient organisé avant la révolution française [1],
ses provinces se seraient spontanément soumises. Quelle avait donc
été la conduite du pape? Avant la guerre, il avait offert de maintenir la paix dans ses États sans aucun secours étranger. Pendant la

---

[1] Voir les détails donnés sur cette organisation dans les écrits de M. Eugène Rendu,
l'Italie et l'empire d'Allemagne, *l'Autriche dans la Confédération italienne*.

guerre, il avait demandé qu'on respectât sa neutralité, ne voulant
faire la guerre ni à la France ni à l'Autriche, ne pouvant ni déchirer
les traités qui avaient recomposé ses États, ni déserter le mouvement
italien auquel il avait, dix ans auparavant, donné l'impulsion première. Depuis la guerre, il demandait qu'on tînt la promesse so-
lennellement faite, et qu'on lui laissât le mérite de sa libre initiative,
au lieu de la lui imposer. Qui donc ne jugerait cette conduite natu-
relle et digne? Personne ne songea alors à l'accusation qui retombe
après coup sur le pape.

On imagina encore moins comment la haine de la centralisation
et le désir de devenir une libre province pouvait pousser la Romagne
à s'annexer à un État plus centralisé qui va l'administrer comme un
département. Pourquoi donc ne se donna-t-elle pas à elle-même les
institutions qu'on reproche au Pape de ne lui avoir pas accordées?

Ce qu'on vit à merveille, c'est que la belle idée d'une *fédération*
entre les États affranchis de l'influence étrangère devenait impossible,
puisque les États n'existaient plus, que l'étranger conservait une
partie de son territoire, et que le Piémont usait sans réserve de toute
sa puissance pour faire en tous lieux prévaloir à son profit l'idée
d'*annexion*.

Au lieu de la *fédération*, un autre système prévalut désormais dans
l'esprit des Italiens, celui de l'*unité*.

Or l'unité de l'Italie a toujours été considérée comme une chi-
mère ou comme un fléau, par tous les partis, depuis Balbo jusqu'à
Manin.

L'Italie a combattu l'*unité par l'empire germanique.*

L'Italie a combattu l'*unité par la papauté.* Il reste l'unité par
la révolution et la centralisation ; elle est l'idée d'un seul homme,
Mazzini.

« Dans l'état actuel de l'Europe, a écrit un de ses partisans, la
solution de Mazzini paraît être une utopie, et elle est, en effet, irréa-
lisable sans le bouleversement complet de ce qui existe, non-seule-
ment dans la Péninsule, mais encore dans le monde[1]. »

Manin, digne de nos respects comme citoyen, n'était pas un ami
de nos croyances : car il écrivait, « Tant que le pape est soutenu à
Rome par les armes françaises, nous ne devons pas tenter de nous
insurger, ce qui nous mettrait en lutte avec nos alliés ; mais, si la
France veut chasser le pape, nous l'aiderons de tout notre cœur[2]. »

[1] *Manin et l'Italie*, p. 6, par M. Chassin. Pagnerre, 1859.
[2] *Manin et l'Italie*, p. 11.

Cependant Manin voulait une fédération composée de républiques, à la vérité, mais une fédération [1].

Comment, en effet, nier qu'une fédération suffise à constituer l'unité d'un peuple, et à assurer sa vie politique et sa défense militaire, en présence des États-Unis, des cantons suisses, de la confédération germanique? L'association entre les hommes sans absorber l'individualité, la fédération entre les États sans absorber la nationalité, n'est-ce pas là une des tendances modernes les plus irrésistibles?

L'unité, au contraire, comment la concevoir? Par la papauté? l'Italie n'en voudrait pas. Sans la papauté? le monde catholique aura raison de s'y opposer: Qu'y gagnerait l'Italie? elle est le centre du monde, elle serait le Danemark du Midi.

Comment s'étonner que, l'idée de Mazzini une fois adoptée par le Piémont, les hommes de Mazzini, devenus monarchiques, se soient, pour le malheur de l'Italie, mêlés de ce jour au mouvement national ainsi compliqué d'un mouvement révolutionnaire?

Mais comment s'étonner aussi que plus d'un partisan de l'Italie *fédérée*, en France et ailleurs, ait cessé dès lors d'approuver et de suivre ce mouvement qui conduit à l'Italie *unitaire?*

Quand même cette révolution totale serait différée, elle commence par donner au Piémont une importance et une étendue contraires aux intérêts évidents de la France. Est-ce là ce que la France a voulu?

Il est vrai, la politique de la fédération était encore inscrite dans les engagements de la France à Villafranca et à Zurich. L'Empereur écrivait au roi de Sardaigne qu'il n'était pas libre de les rompre [2]. Un congrès devait décider de la forme définitive. Les puissances catholiques étaient convoquées en majorité. Les traités de Vienne allaient être révisés à Paris. Excitée par ce rapprochement, la fierté nationale ranimait encore l'espérance, et, en effet, l'attente et la confiance étaient universelles.

C'est sur ces entrefaites que parut *le Pape et le Congrès*. Quelques pages firent en deux semaines le tour de l'Europe; elles ont renversé un ministre et ajourné un congrès; elles ont transformé les appréhensions de la presse révolutionnaire en cris de joie, les insultes de l'An-

---

[1] Dans une brochure récente, *l'Empire, la Papauté et la Démocratie en Italie,* un autre partisan avancé du mouvement, M. Montanelli, soutient encore l'idée de fédération. (*L'Italie, l'Allemagne et le Congrès,* par M. Martin Doisy, p. 320.)

[2] Le traité de Zurich, préparé, discuté, pendant plus de deux mois, a été signé le 10 novembre, un mois avant la publication de la brochure *Le Pape et le Congrès.*

gleterre en applaudissements, les défiances de l'Italie en chants de
triomphe, la confiance des catholiques en un douloureux mécompte.

Sans parler de ce point spécial, constatons que la politique de la
brochure, traduite en langage plus net par la lettre de l'Empereur au
Pape, arrête ainsi qu'il suit, le compte des profits et des pertes de la
campagne d'Italie :

Que désirait-on ?

L'Autriche expulsée de l'Italie; — selon la belle expression de Manin :
« La domination autrichienne est comme un fer de lance dans la
plaie; *il faut l'ôter avant de faire le pansement.* » —

Un État indépendant à Venise;

Les duchés maintenus et affranchis;

Le saint-siége respecté dans ses droits, mais renonçant à une garnison étrangère.

Une fédération fondée sur le droit national.

Qu'a-t-on obtenu ?

L'Autriche expulsée de Milan, maintenue à Venise;

La Péninsule partagée entre le Piémont, l'Autriche, peut-être un
royaume central, et Naples;

Le Saint-Siége, privé des Romagnes, bloqué entre des voisins qui le
compromettent et des voisins qui l'opprimment;

La fédération impossible à cause de la présence de l'Autriche et de
la transformation des duchés;

La discorde certaine, la guerre possible, une révolution plus radicale probable.

Que cette solution satisfasse le Piémont; qu'elle rassure ceux qui
espèrent, après ce premier pas, en faire un second; qu'elle rende
contents ceux qui veulent l'être à tout prix : je n'ai rien à y redire.

Les événements sont plus forts que les hommes, a-t-on dit, et je
veux bien qu'on n'accuse aucun homme, si l'on commence par le
Pape, fort innocent des subites résolutions de Vienne, des doulou-
reuses impressions de Solférino, des engagements de Villafranca et de
la politique de lord Palmerston.

Je me borne, en résumé, à cette question :

Le résultat est-il d'accord avec le programme? non.

Il est donc naturel que ceux qui attendaient davantage de la guerre
aient le regret de se trouver d'accord avec ceux qui n'en attendaient
rien.

Il est donc bien surprenant qu'on continue à se prévaloir, au mois
de janvier 1860, des opinions exprimées au mois d'avril 1859 par le

P. Lacordaire, et qu'on abuse ainsi de ses paroles dans un sens que ses amis sont autorisés à déclarer contraire à ses intentions.

Il est donc permis de garder son cœur à la cause de l'Italie, sans donner les mains à la combinaison qui prévaut en ce moment, sans encourir le reproche d'inconséquence.

Un journal officieux [1] demandait récemment aux catholiques : Vous ne voulez pas de ce qui est proposé; mais quel était donc votre programme? Je réponds à ce journal : C'était le vôtre; faut-il vous le rappeler?

Avant la guerre, ne pas la faire. Après la guerre, la pousser jusqu'au bout, parce que cela avait été promis à l'Italie.

Avant la paix, ne pas la faire. Après la paix, restaurer les ducs, parce que cela avait été promis à l'Autriche.

Avant l'insurrection des Romagnes, ne pas la permettre. Après l'insurrection, ne pas la reconnaître, parce que cela avait été promis au Pape.

On répond d'un mot : Tout cela était impossible.

Quand les questions sont insolubles, pourquoi les soulever?

II

QUESTION CATHOLIQUE.

Avant la publication de la brochure, les opinions des catholiques français, d'accord sur deux points, étaient divisées sur un troisième, en ce qui touche le *principe du pouvoir temporel* [2].

Nous étions tous d'accord sur ce point, que le pouvoir temporel n'est pas un dogme; c'est un fait ancien et respectable, un droit incontestable et reconnu.

Nous étions tous d'accord sur ce point, que le meilleur juge de l'utilité du pouvoir temporel pour l'exercice de l'autorité spirituelle, c'est le souverain pontife.

Sous cette réserve, nos opinions étaient libres.

Les uns regardaient ce pouvoir sacré comme une institution de

---

[1] *Le Pays*, article de M. Granier de Cassagnac sur la première lettre de Mgr l'évêque d'Orléans.

[2] Les mandements de NN. SS. les évêques ont défini ces questions, au point de vue religieux, avec autant d'autorité que d'éloquence. Je veux et je dois me borner à y renvoyer.

droit divin, cette souveraineté comme analogue à un droit de pro-
priété, sa violation comme un sacrilège.

Les autres le considéraient comme une combinaison merveilleuse
de la sagesse et du temps, à laquelle nous devons des pontifes, dignes
et libres, également éloignés des patriarches courtisans de Constanti-
nople et des chefs fanatiques de l'Orient, mais une œuvre humaine,
susceptible d'abus et de progrès [1].

Un petit nombre souhaitaient la fin de ce pouvoir, à cause des obstacles que la direction d'un État peut créer à la sainteté de l'apostolat [2].

Les événements et l'histoire se chargeaient d'apporter à ces opinions libres ou des arguments ou des objections. Les partisans de
la dernière opinion surtout étaient embarrassés de répondre à cette
question : Si le pape, quoique roi, a tant de peine à être indépendant,
comment le sera-t-il, étant sujet [3] ?

Nous différions encore sur l'*exercice de ce pouvoir temporel*.

Les uns le regardaient de bonne foi comme étant tout ce qu'il doit
être.

Les autres demeuraient partisans des réformes dont Pie IX a pris,
en 1847, la glorieuse initiative. Dans leurs souhaits, le pouvoir temporel du vicaire de Celui qui est le père de toute civilisation et le fon-
dateur de la plus vaste et de la plus étonnante société des âmes qui
ait jamais paru, devait marcher à la tête de la civilisation et suivre ou
plutôt diriger, en se perfectionnant sans cesse, le mouvement des esprits à chaque époque.

Parmi ceux qui professaient ce sentiment, les uns soutenaient et
démontraient que tous les progrès demandés par les puissances en
1831, annoncés par le *motu proprio* de 1847, avaient été, malgré la
révolution, repris, accomplis et dépassés [4].

Les autres convenaient qu'il avait pu y avoir, depuis dix ans, un
temps d'arrêt dans la politique réformatrice du gouvernement ponti-
fical. Mais comment s'en étonner? Il est bien permis d'hésiter quelque temps, avant de continuer une œuvre interrompue par un assas-
sinat et par une révolution. Est-ce que nous n'avons pas vu en France,
depuis 1840, la nation se déprendre de la liberté, revenir au gouvernement absolu, et spécialement une fraction des catholiques français

1 *Pie IX et la France*, par le comte de Montalembert.
2 *La Papauté temporelle et la Nationalité italienne*, par M. Arnaud (de l'Ariège).
3 C'est ce qui a été redit avec autant de raison que de loyauté par M. de Sacy,
Journal des Débats du 24 janvier 1860.
4 V. les articles sincères et si lumineux de M. de Corcelle dans le *Correspondant*.

se détacher des doctrines libérales et professer les thèses les plus opposées? Ce changement si complet dans le régime de la nation, qui tenait garnison à Rome, dans l'esprit d'une fraction considérable des catholiques français, et les menées incessantes de la révolution européenne, expliquent en partie la lenteur qu'on reproche au gouvernement romain.

Les uns et les autres désiraient ardemment que le Pape pût se passer bientôt de l'appui des forces étrangères, appui glorieux pour la puissance qui le prête, mais dangereux à la longue pour celle qui l'accepte. Car les secours conduisent aux avis, tandis qu'on n'a rien à demander à un gouvernement qui se suffit, se soutient, et ne tolère pas de conseils parce qu'il ne réclame pas de services.

Quoi qu'il en soit, d'ailleurs, des nuances que je viens d'indiquer, tous les catholiques étaient et sont encore unanimes à penser que quelques désirs très-raisonnables de modification dans l'administration de la justice ou dans le texte des lois ne légitiment pas une révolution; qu'un souverain a raison de résister aux menaces et aux violences, et que les hommes qui parlent le plus haut de réformes seraient bien embarrassés, soit de préciser ce qu'ils demandent, soit de s'en contenter, s'ils l'obtenaient.

La brochure *le Pape et le Congrès* s'est chargée, à notre grande surprise, de nous mettre tous plus complétement d'accord. — Voici ce que propose, sous le voile d'un langage respectueux, ce fameux écrit :

1° Qu'il soit proclamé à la face du monde que le pouvoir temporel et les idées modernes sont inconciliables, non pas à cause de l'obstination des hommes ou par la faute des événements, mais à raison de l'*incompatibilité des principes ;*

2° Que Rome, cédant au progrès et au vœu légitime des peuples la moitié de ses États, garde intactes ses vieilles institutions dans l'autre moitié, et vive désormais, par la grâce de l'Europe, comme la Turquie, mais séparée du mouvement du monde, comme la Chine.

En résumé, une *théorie* qui déshonore la papauté, une *conclusion* qui la dépouille.

Voici les écoles les plus extrêmes, également déçues, également irritées :

Vous qui vouliez qu'on ne touchât pas au pouvoir temporel, il est mutilé ;

Vous qui vouliez qu'il fût supprimé pour dégager l'influence civilisatrice de la religion, voilà qu'on vous apprend que l'obstacle à la civilisation, ce n'est pas le pouvoir temporel, c'est le dogme; ce n'est pas la politique qui nuit à la religion, c'est la religion qui enchaîne la politique.

Que doivent penser surtout les catholiques convaincus de l'alliance fondamentale de la religion et de la liberté? Quelle insulte à leurs plus chères convictions? Ah! si la religion et la liberté se combattent, il faut pleurer sur la liberté, car elle est impossible en ce monde, sans les vertus qui corrigent ses excès. Si les dogmes condamnent le progrès, laissons, cela est juste, Garibaldi tirer la conséquence et déclarer la guerre au catholicisme. Mais quelle erreur, quelle injustice, quelle ingratitude!

D'où viennent donc ces passions si entraînantes d'indépendance et de nationalité, si ce n'est de l'idée que le christianisme a donné du pouvoir? Le souverain est fait pour les peuples; il doit donc leur convenir et n'être pas un étranger; il doit les améliorer, et non les exploiter; les consulter, et non les subjuguer. Ce sont là des conséquences du christianisme, et je ne suis pas surpris que M. d'Azeglio fonde les espérances de la nationalité italienne, sur les principes du *droit chrétien*.

Par ses théories, honteuses pour nous, bien plus encore que par ses conclusions, la brochure anonyme a blessé notre honneur. Faut-il s'étonner des véhémentes protestations qu'elle a provoquées? Le cri poussé par l'illustre et éloquent évêque d'Orléans retentit encore dans le monde. D'autres prélats vénérables, des défenseurs infatigables, des cœurs jeunes et ardents, et tous les journalistes catholiques de la France, ont élevé au même moment une voix émue. Le *Siècle* et la *Patrie* auraient aimé plus de calme. Quoi! on nous accuse d'être des endormeurs, et nous nous tairions! Il convenait de parler haut et vite. En France, on comprend, on respecte les vivacités de l'honneur. La conscience publique eût été bien plus scandalisée de notre silence; elle aurait pu répéter contre nos hésitations ces fameux vers de Shakespeare:

> ...... The native hue of resolution
> Is sicklied o'er with the pale cast of thought,
> And enterprizes of great pith and moment,
> With this regard, their currents turn awry,
> And lose the name of action[1].

[1] ..... La teinte primitive du courage est affaiblie par le pâle reflet de la pensée, et des actes de vigueur et d'à-propos, détournés ainsi de leur cours, ne méritent plus le nom d'action. (*Hamlet*, act. III, sc. 1re.)

Ainsi l'a senti le plus doux des pontifes; il a discerné l'affront sous le respect, et l'indignation a transformé un instant la mansuétude accoutumée de son langage.

La brochure avait posé une question de principe; la lettre de l'Empereur la laisse tomber, et elle ne parle plus que d'une question de fait :

La Romagne est soulevée; le Pape ne peut pas assurer son droit par la force; l'Europe ne veut pas lui prêter son secours. Que reste-t-il à faire, sinon de consentir volontairement à un sacrifice inévitable?

On ajoute : A quoi bon aujourd'hui rendre au Pape une province, qu'après la retraite de nos troupes il perdra demain?

Qu'en savez-vous? Pourquoi ne pas essayer? Commencez par proclamer le droit avant d'en demander l'abandon.

Mais ce sacrifice, est-on bien sûr qu'il soit possible?

Un sacrifice qui conduirait à la pauvreté, dans l'intérêt du repos du monde, serait un acte de vertu.

Un sacrifice qui exige la violation d'un serment, la consécration de la révolte, l'aveu de l'impuissance, un sacrifice qui conduit à céder ce qu'on abandonne, et à compromettre ce qu'on garde, ce serait un acte de faiblesse.

Il ne s'agit plus ici des devoirs de la papauté; sa grandeur ne dépend pas de l'étendue de ses États. Il s'agit du droit public de l'Europe, du droit des peuples et des souverains. La cause intéresse toutes les nations et toutes les couronnes; le parti qu'adopté la France est-il conforme au droit, conforme aux intérêts et aux traditions de sa politique?

III

LA QUESTION POLITIQUE ET FRANÇAISE.

Que dire sur la question de droit public après l'écrit si remarquable de lord Normanby et surtout après l'improvisation éloquente, forte et courageuse de M. Villemain, qui assure à l'illustre écrivain de nouveaux droits à la reconnaissance et à l'admiration? Je m'efforcerai de résumer leurs raisons.

Si nous lisions ce matin dans le journal que la Romagne s'est révoltée, nous regarderions cette révolte comme un événement, un fait qui n'engage d'abord aucun principe. C'est au souverain à s'entendre avec ses sujets et à assurer son empire.

Mais nous apprenons qu'un congrès va se réunir, et que la France va proposer de décider, par une déclaration qui prendra place dans le droit public européen, que les habitants d'une province ont le droit de se détacher de l'État dont elle fait partie et de se donner à l'État voisin.

« Quelques meneurs populaires, dit lord Normanby, peuvent-ils impunément, et avec la sanction de l'Europe, usurper le pouvoir dans un petit État, aidés par les armes, l'argent et les menées de l'étranger? Peut-on, à tout moment, par un appel irrégulier à une minorité choisie arbitrairement, transférer la souveraineté d'un État reconnu à un prétendant voisin? »

J'admets qu'on soit moins sévère que lord Normanby. Je suis disposé à faire, dans le soulèvement des Romagnes, la part aussi grande qu'on voudra au mécontentement et à la contagion du mouvement national provoqué par la guerre. Reste toujours cette question : Une province a-t-elle le droit de rompre avec un État pour se donner à un autre? L'Alsace peut-elle se donner à la Prusse, et la Prusse envoyer des préfets pour recueillir les voix?

Ce n'est plus un simple accident, c'est un principe, c'est une jurisprudence qui, demain, sera invoquée par une province d'un autre État, que dis-je? par la Romagne elle-même, si elle est fatiguée du Piémont dans un an.

Mais pourquoi invoquer l'Europe et le congrès? dit-on. Qu'on laisse les Italiens s'arranger à leur fantaisie. C'est le droit des peuples, c'est la souveraineté nationale.

Il ne s'agit pas d'un peuple, mais d'une ville, d'une province, d'une minorité qui veut se séparer de la majorité de ses concitoyens, et partager la patrie. Mais quand même la nation toute entière se soulèverait, est-ce que cela trancherait sans réplique la question?

Je crois au droit des peuples, à condition qu'il réunisse les trois conditions essentielles de tout droit : un principe évidemment juste, un exercice incontestablement libre, une application sans dommage pour autrui.

Or, 1° le mouvement des Romagnes est-il justifié par une réussite inévitable? Je réponds par un exemple :

En 1836, le Texas se révolte contre le Mexique. Les États-Unis soutiennent le Texas, puis ils l'absorbent. C'est précisément l'histoire du Piémont, qui, pour affranchir la Romagne, va se l'annexer.

Un grand citoyen, une âme admirable, un homme peu suspect de passion cléricales ou légitimistes, Channing, proteste, dans une lettre éloquente à M. Clay, contre l'annexion du Texas :

« Je n'entends pas nier, dit-il [1], que le Texas n'eût des griefs à alléguer. En ce point, il n'est pas besoin de preuves. Qui doute que le Texas n'ait pas été toujours gouverné avec sagesse, que ses droits n'aient pas toujours été respectés? Pouvait-il en être autrement? Le Mexique n'est pas sage, le Mexique n'est pas fort dans la science des droits de l'humanité. La civilisation y est très-imparfaite, et un bon gouvernement est l'un des fruits les plus tardifs de la civilisation. En fait, il n'y a nulle part un bon gouvernement. Les erreurs et les vices des chefs sont partout une source de maux..... *Mais si chaque ville ou chaque canton peut se déclarer État souverain, chaque fois qu'on lui fait tort, la société sera livrée à des convulsions perpétuelles, et l'histoire ne sera plus que le récit sanglant des révolutions..... Rien de plus facile pour un peuple que de dresser une liste de griefs; rien de plus fatal que de se révolter chaque fois qu'on ne fait pas droit à une réclamation. »*

N'est-ce pas l'histoire de la Romagne?

2° Aux yeux des plus chauds partisans de la souveraineté nationale, ce droit, comme tous les droits, peut être vicié dans son exercice. Quand un collége électoral vote dans sa souveraineté, on examine cependant la validité des opérations, et, quand elles sont irrégulières, on casse l'élection. Qui est juge? les représentants réguliers des autres colléges? Il y a dans le droit des nations vis-à-vis du droit de l'une d'entre elles quelque chose d'analogue, que les partisans du droit des peuples ne sauraient nier. Or qui donc peut garantir qu'à Bologne les électeurs et les députés ont bien su ce qu'on leur demandait? Qui donc osera affirmer que la pression du Piémont a été sans influence sur le vote?

3° En outre, le droit de chacun a pour limite le droit d'autrui. Il en est de même entre les nations voisines. Il n'est pas indifférent à l'Europe qu'une usurpation ou une révolution change la forme d'un État reconnu. Si cet État est le siége d'une Église qui compte des fidèles dans toutes les nations, tout changement dans cet État est pour chacune de ces nations un intérêt de premier ordre.

Dans le langage diplomatique, on dit que tout gouvernement nou-

---

[1] *Œuvres de W. E. Channing,* traduction de M. Laboulaye, *De l'Esclavage,* p. 288.

veau est tenu envers les autres nations à tous les engagements du gouvernement qu'il remplace. Une nation est donc libre de changer la forme de son gouvernement intérieur, mais non les engagements qui liaient le gouvernement tombé envers les puissances étrangères. Voici un exemple connu : la Belgique se sépare de la Hollande, c'est une question belge. Si la Belgique s'était donnée à la France, comme elle le demandait alors, si la France eût accepté, la question eût été immédiatement une question européenne. De même, si la possession de la Belgique eût été garantie à la Hollande par des traités.

Sans l'observation de ces principes élémentaires, il suffit de pousser des cris sur une place publique et de mettre un préfet à la porte pour conquérir des droits et changer l'ordre européen.

Qui jugera si toutes ces conditions sont réunies?

L'incertitude du vrai caractère d'un mouvement populaire, et l'intérêt des autres États, ont, dans ce but, fondé la coutume de soumettre à un tribunal suprême composé des principales nations les mouvements qui changent le régime intérieur de chacune d'elles. Quelquefois ce consentement est exprimé dans un congrès; quelquefois, par chaque puissance, consultée à part et sans qu'il soit besoin d'un congrès. Une nation est libre de se transformer; mais les autres sont libres de ne pas reconnaître sa forme nouvelle; et, même sans le secours de la force, ce grand arbitrage pacifique, qui représente les intérêts sans partager les passions, sert à assurer, entre les nations de l'Europe, l'équilibre, la justice, la raison et la tranquillité.

Or ni la France ni le Piémont ne contestent le droit du pape. Ni la France ni le Piémont ne contestent la compétence de l'Europe, réunie ou séparée. Ni la France ni le Piémont ne considèrent le vote de la Romagne en faveur de l'annexion comme souverain et définitif. Le Piémont n'a pas osé prendre la couronne ou nommer un régent. Il a désigné un préfet, et il attend que l'Europe se prononce, et surtout que la France parle. A l'heure présente, malgré tant de temps perdu, si l'annexion est un fait accompli; au moins, ce n'est pas un droit consacré. La France et l'Europe peuvent se refuser à le reconnaître.

Il n'est donc pas trop tard pour que le Saint-Père résiste et réponde :

« Ne dites pas que je refuse des réformes, car j'en suis le promoteur. Je demande, pour les accomplir, la liberté et le temps.

« Ne dites pas que je dois reconnaître à mes sujets de Bologne le droit de se donner au Piémont, car demain vous m'exposez, au nom du même droit, aux violences du peuple de Rome.

« Ne dites pas que cela était inévitable, car vous m'aviez promis que cela serait évité.

« Ne dites pas qu'on m'offre des garanties : que sont devenues celles qui m'avaient été jurées?

« Je suis placé entre deux révolutions possibles ; j'ai le choix de consentir à l'une, si je cède, ou de succomber à l'autre, si ma résistance entraîne votre retraite.

« Que la responsabilité retombe sur vous. J'ai confiance en Dieu, en mon peuple, en mon droit. Vienne l'épreuve, elle aura son lendemain ! »

On parle de la *logique des faits.* Elle conduit, malgré les bonnes intentions de la France, à la suppression complète du pouvoir temporel.

Dès lors la satisfaction de ses ennemis est logique.

Mais la résistance de ses amis l'est-elle moins?

On a dit, avec un grand bon sens, que, si le pape avait une armée de 20,000 hommes, comme le roi de Naples, dont le gouvernement n'est assurément pas parfait[1], toutes ces questions s'évanouiraient. Et, en effet, si l'Alsace se révoltait, on lui enverrait des régiments et non des arguments. On a beau répéter qu'un souverain doit être soutenu par l'adhésion de ses sujets. L'immense suffrage qui a fondé le pouvoir en France ne rend pas superflu l'appui d'une immense armée. Est-ce que l'Irlande, les provinces rhénanes ou la Pologne, restent liées à l'Angleterre, à la Prusse et à la Russie par un élan d'amour? Est-ce que le parlement des îles Ioniennes est moins unanime et moins compétent que l'assemblée de Bologne?

La vérité, c'est que le pape est un souverain sans armée. En outre, s'il en avait une, on serait scandalisé qu'il s'en servit. Pourquoi? parce qu'il est pontife ; *sa main doit bénir et non frapper.* Ainsi tour à tour on bat le pontife par le roi, et le roi par le pontife. Il faut éclaircir cette confusion.

Ou bien le pape est un roi comme un autre ;

Ou bien le pape est un souverain exceptionnel.

Si le pape est un roi ordinaire, ne lui donnez pas de conseils, lui demandez pas de réformes ; qu'il garde ou qu'il change ses lois ; qu'il soit prêtre ou général ; qu'il ait ou non des soldats ; qu'il s'allie

---

[1] Voir le récent écrit, si modéré et si sincère, de M. le vicomte Lemercier : *Quelques mots de vérité sur Naples.*

avec qui bon lui semble ; qu'il entre ou non dans une fédération ; qu'il reste neutre ou qu'il tire l'épée, qu'il réprime par la force ses sujets, les attache, par l'affection ou qu'il les perde, laissez-le faire à ses risques et périls : cela ne vous regarde pas.

Si le pape est, au contraire, un souverain exceptionnel, s'il personnifie les intérêts généraux du catholicisme dans tous les États du monde, s'il est exposé, comme pontife, à toutes les attaques des hommes ; s'il est obligé de ne jamais user de la force ; si, redoutant qu'il ne se prononce contre vous, vous exigez sa neutralité ; si vous maintenez auprès de lui une garnison, pour empêcher que votre influence ne soit remplacée par une autre ; si vous vous croyez autorisé à lui donner des conseils, si vous respectez en lui le vicaire de Jésus-Christ, et en Jésus-Christ le protecteur de vos peuples ; s'il est, en un mot, un souverain exceptionnel, aidez-le par des moyens exceptionnels.

La première politique est peu religieuse, mais elle est conséquente.

La seconde est conforme aux grandes traditions de la France et de la chrétienté. Elle a prévalu dans les conseils de la République ; elle a produit l'expédition de Rome en 1849, si éloquemment justifiée par M. Thiers et M. de Montalembert.

Je ne comprends pas ce troisième langage :

Donnons des conseils au pape, car il est pontife ; mais qu'il se passe de nos régiments, car il n'est qu'un roi. Qu'il ne verse pas le sang de ses sujets, car il est pontife ; mais qu'il cède à leurs volontés, car il est roi. Qu'il entre dans le mouvement italien, car il est roi ; mais qu'il ne s'allie pas à l'Autriche, car il est pontife. Qu'il renonce à Bologne, au nom du droit des peuples ; mais qu'il conserve Rome, au nom du droit divin. Intervenons contre lui à Bologne, car il est roi ; intervenons pour lui à Rome, car il est pontife.

Faut-il demander qu'on recommence l'expédition de Rome ? Nullement. Il suffit que le saint-siége soit traité comme le serait le Danemark, ou le Portugal. Il n'est besoin d'aucun moyen violent. Il n'est même pas nécessaire qu'un congrès se réunisse pour discuter un droit incontestable. Qu'aucune puissance ne reconnaisse l'annexion de la Romagne au Piémont, que la France ne donne pas l'exemple, que le Piémont n'usurpe pas, et, avant peu de mois, on peut prévoir que le débat entre le souverain et le peuple se terminera par une transaction inévitable qui conciliera les droits et les réclamations réciproques.

On dit que la politique d'annexion des petits États de l'Italie centrale au Piémont a pour elle la majorité des esprits en Italie. Je le

comprends! Tant que la présence de l'Autriche les effrayera, tant que
Venise ne sera pas affranchie, ils chercheront un refuge derrière le
Piémont, parce qu'il est armé. Aujourd'hui c'est un sentiment que
les circonstances expliquent et que M. de Cavour a su exploiter habi-
lement. Demain, ce sera un fait que Florence et Bologne regretteront
amèrement, il est permis de le croire. Faut-il que l'Europe rende
définitif un entraînement momentané?

On dit que la même politique a pour elle, en France, l'opinion
générale. Il est bien téméraire de prétendre connaître l'opinion de la
France. Tâchons de l'analyser, et mettons de côté, si l'on veut, celle
des partis hostiles au gouvernement, mais à condition d'écarter aussi
celle des partis dont il doit désavouer les secours. C'est récuser pres-
que tous les journaux. Supposons, si l'on veut, que le mécontentement des uns est aussi intéressé que le contentement des autres. In-
terrogeons, s'il est possible, l'opinion désintéressée.

Oui, plus d'un ouvrier des faubourgs sortant de l'atelier, plus d'un
habitué du parterre de la Porte-Saint-Martin, n'est pas fâché de ce
qui arrive au pape; mais l'honnête paysan qui sort de l'église, en
remerciant Dieu de l'avoir fait naître dans une religion qui console
ses misères, ne s'explique pas bien pourquoi son évêque fait prier
pour que rien ne soit enlevé au chef de cette religion, tandis que son
gouvernement, en faveur duquel son évêque l'a fait voter, n'est pas
du même avis. En dehors des passions du Parisien et des croyances
du Breton, consultez les instincts les plus répandus du peuple. Tou-
cher au pape, plaire aux Anglais, est-ce une politique populaire? Oui,
en Angleterre, jamais en France!

Veut-on récuser ces témoins peu éclairés? Les honnêtes gens se
sont attachés, en très-grand nombre, au gouvernement, par ce double
espoir qu'il restaurerait en France l'ordre moral, et qu'il rendrait à
la France, dans le monde, son prestige et son ascendant. Ils ont ap-
plaudi, à ce double point de vue, à tout ce que le gouvernement a fait
pour soutenir la religion, à tout ce qu'il a fait et à tout ce qu'il fait
encore pour protéger les chrétiens en Turquie, en Asie, en Chine, en
Afrique; car il est bien connu que, dans la langue de tous les peuples
de l'univers, catholique et Français, sont deux mots synonymes.
Croit-on les honnêtes gens dont je parle très-charmés des dé-
buts d'une politique radicalement différente dans la question italienne?

On parle, il est vrai, mystérieusement des grands avantages que
la France est au moment de recueillir soit par des agrandissements
de territoire, soit par une alliance avec l'Angleterre.

Des agrandissements de territoire? Pourquoi pas? Je ne suis pas de ceux qui dédaigneraient cet avantage, s'il était justement acquis. En admettant cette hypothèse, quel territoire la France peut-elle un jour *annexer?* Les provinces Rhénanes, la Savoie. Mais ce sont les pays les plus catholiques de la terre! Est-ce ainsi qu'on espère s'en faire aimer?

Les plus chauds partisans de l'alliance anglaise ont toujours demandé qu'on lui sacrifiât toutes nos rancunes, mais pas un de nos intérêts, à plus forte raison pas un de nos devoirs. Ils n'ont jamais cru qu'un traité de commerce fût un traité de paix, car chacun de ses articles est une cause de querelle. On s'embrassera sans désarmer.

Mais est-il possible à un cœur catholique et français de se défendre d'une amère douleur lorsqu'il lit dans les journaux anglais, traduits par les journaux français, des éloges comme ceux-ci?

On lit dans le *Morning-Post* :

« C'était quelque chose que de se moquer d'un archevêque ultra-
« montain et d'un nonce du pape, et de traiter même Sa Sainteté,
« le successeur de saint Pierre lui-même, comme une relique du
« moyen-âge. »

On lit dans le *Times* :

« Il y a des moments où le peuple le plus libre du monde peut
« admirer et même envier les priviléges d'un gouvernement despo-
« tique. La marche par laquelle pas à pas nous sommes arrivés à
« notre situation actuelle de prospérité et de bonheur est lente, pé-
« nible et saccadée. Une nation qui a placé ses destinées dans les
« mains d'un seul homme peut se dispenser de ces longs prélimi-
« naires, peut se coucher protectionniste et s'éveiller libre échan-
« giste, peut changer en un clin d'œil la domination d'un puissant
« clergé en la plus vaste liberté spirituelle. »

Assurément, de tels éloges sont de plus grosses attaques que toutes les réclamations des catholiques. Ceux-ci se bornent en résumé à demander que la France tienne au saint-siége les paroles qu'elle lui a données. Qui donc en France, qui donc en Italie, aurait à s'étonner ou à se plaindre de cette fidélité?

Journal des Débats, 18 janvier 1860.

IV

Dans la *Lettre sur le saint-siége*, écrite en 1838 par le P. Lacordaire, l'écrivain qui a le plus éloquemment défendu le pouvoir temporel de l'Église et la liberté des peuples, je lis ces belles paroles :

« Le saint-siége a un malheur qui lui est commun avec tous les
« grands hommes et toutes les grandes œuvres, c'est qu'il ne peut
« être équitablement jugé par le siècle où il agit, et, comme il est im-
« mortel, il vit insulté entre sa gloire passée et sa gloire future, sem-
« blable à Jésus-Christ crucifié au milieu des temps, entre le jour
« de la création et celui du jugement universel. »

Le devoir de ceux qui croient est de ne pas laisser du moins ces insultes inévitables sans réponse.

C'est un bon moment pour défendre le pape, car il est malheureux. On n'est pas suspect, en soutenant sa cause, d'être le courtisan du pouvoir ou l'esclave de la popularité. On jouit au fond de son âme du bonheur d'être le courtisan du malheur et l'esclave de la conscience.

Nous avons cent fois raison, nous aurions raison cent fois davantage, que nous ne serions pas plus écoutés. Quand les passions sont soulevées, on confond toutes les nuances, on étouffe toutes les voix. Ceux qui parlent ne sont pas jugés, ils sont classés.

Vous soutenez le pape ! Donc vous êtes un partisan des abus de la cour de Rome et de l'influence de l'Autriche.

Ceux qui proclament l'incompatibilité radicale de nos croyances avec tout progrès, et veulent faire de Rome le terrain de mainmorte où deux cent mille hommes seront sacrifiés à la prétendue immobilité des dogmes, voilà les partisans des abus.

Ceux qui placent le Saint-Siége entre le Piémont grossi à ses dépens, avec l'assentiment de la France, et l'Autriche humiliée, mais non expulsée, ceux-là exposent le Saint-Siége aux avances de l'Autriche.

Quelle immense douleur si une autre nation prenait auprès du saint-siége la place occupée par la France !

Or nous combattons cette doctrine, cette politique, cette possibilité. Nous qui aurions tant de motifs de souhaiter, dans l'intérêt religieux, que la papauté fût moins exclusivement italienne, nous demandons pourtant qu'elle s'unisse avec l'Italie indépendante, qu'elle se place sous la garde de l'Italie armée.

Peu importe! il sera convenu que nous sommes des Autrichiens, des cléricaux et des absolutistes.

Soit! il n'est pas un catholique assurément qui ne consente de grand cœur à partager sa part des calomnies qui pèsent sur le père commun des fidèles, et ne se répète avec l'Évangile : *Bienheureux ceux qui souffrent contradiction pour la justice.*

Que cette parole est forte et consolante! Nous pouvons dire que les hommes ou les événements nous trompent quand les épreuves nous surprennent. Jésus-Christ ne nous a pas trompés, car il ne nous a pas promis autre chose.

Mais, s'il est doux d'être impopulaire avec sa cause, il serait bien douloureux de la rendre par sa faute plus impopulaire encore.

Sur ce point, nous avons tous à faire notre examen de conscience; car l'idée que la conduite et le langage des catholiques de France donnent du catholicisme a, dans le reste du monde, une sérieuse influence.

Dieu me garde de récriminer, dans un moment où les épreuves rapprochent tous les catholiques! « Le jour où le saint-siége sera en péril, a dit M. de Falloux[1], tout disparaîtra... entre les catholiques divisés, je rougirais de l'assurance même qui devancerait un doute à cet égard... »

Mais, si les épreuves nous rapprochent, tâchons que les événements nous éclairent.

Si notre opinion éprouve en ce moment quelque gêne, faute des garanties légales de la liberté, demandons-nous si nous avons toujours défendu et désiré ces libertés.

Si nous prétendons que la *brochure* nous insulte en déclarant nos dogmes incompatibles avec la liberté, demandons-nous si nous n'avons pas nous-même donné quelque prise à cette accusation.

Si, en 1840, après dix années de défaveur et de persévérance, placés sur le terrain du droit commun, nous avons obtenu plus de confiance et plus de justice que dans ce moment, après dix années d'une conduite différente, demandons-nous si nous avons eu raison d'abandonner une situation si honnête et si forte.

---

[1] *Correspondant* du 25 février 1859, p. 192.

Gardons-nous bien, je le répète, de récriminer ; mais gardons-nous bien de ne pas réfléchir.

J'admets que les deux conduites ont été inspirées par des raisons sérieuses. Mais il importe de choisir pour l'avenir, et c'est le moment.

Il importe surtout d'être sincère ; et, si l'on opte pour la liberté, elle doit être un principe, elle ne doit pas être une tactique. Il faut savoir être libéral à Rome aussi bien qu'à Paris, vouloir la liberté de nos adversaires aussi bien que la nôtre, aimer ce principe, parce qu'il est utile, mais avant tout parce qu'il est vrai, l'aimer quand même on le retournerait un jour contre nous.

Les écrivains du *Correspondant* sont demeurés fidèles à cette conduite. Si on leur demande d'oublier des discordes, ils répondront de bon cœur que cela est déjà fait. Mais personne n'attend qu'ils abandonnent leur terrain, dans un moment où il est le refuge de notre honneur et l'espoir d'un meilleur avenir.

Ah ! si les épreuves des jours présents rattachaient les catholiques de France aux principes qui ont fait, il y a dix ans, leur force, leur union et leur dignité, nous ne nous plaindrions pas d'avoir à traverser une voie si douloureuse, pour sortir d'un malentendu entre notre cause et notre temps, qui est le principal obstacle à la propagation de la vérité dans le monde.

AUGUSTIN COCHIN.